Mach mit!
In der Nacht

Dieses Heft gehört:

_____

An die Stifte,
fertig, los!

TESSLOFF

Gute Nacht!

Draußen ist es dunkel, aber Linus kann nicht einschlafen.
Erkennst du die vier Unterschiede im unteren Bild?
Kreise sie ein!

Mond und Sterne

Manchmal ist der Mond groß und rund. In anderen Nächten siehst du nur den Halbmond. Spure die Himmelskörper mit einem Stift nach und male sie anschließend bunt aus.

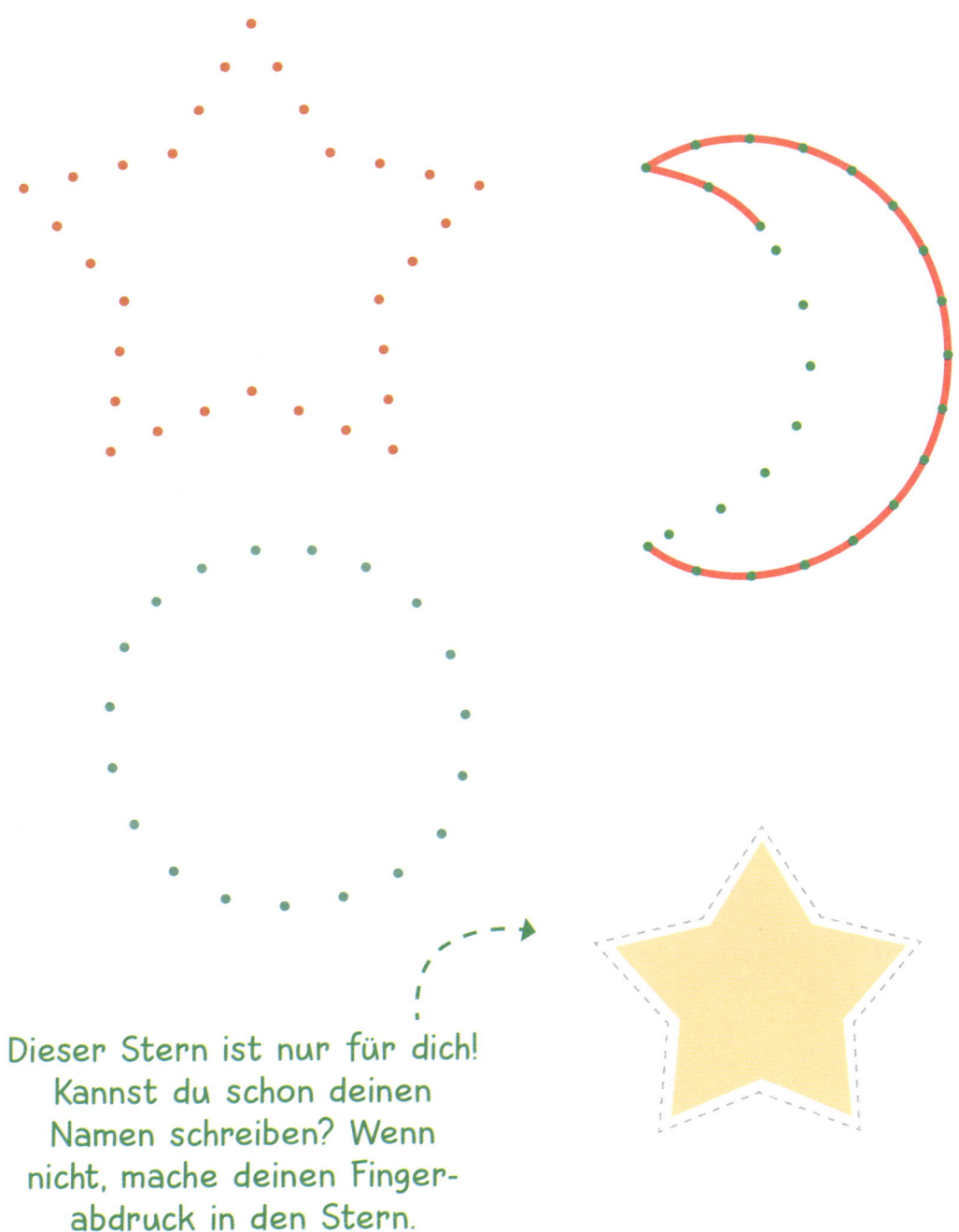

Dieser Stern ist nur für dich! Kannst du schon deinen Namen schreiben? Wenn nicht, mache deinen Fingerabdruck in den Stern.

Nachts im Wald

Füchse, Wildschweine und Rehe gehen
in der Nacht auf Nahrungssuche.
Verbinde die Tierkinder mit ihrer Mutter!

Quaaak, quaaak!

In warmen Frühlingsnächten kannst du das Quaken
der Frösche hören. Zeige dem Frosch den Weg
zu den Seerosenblättern.

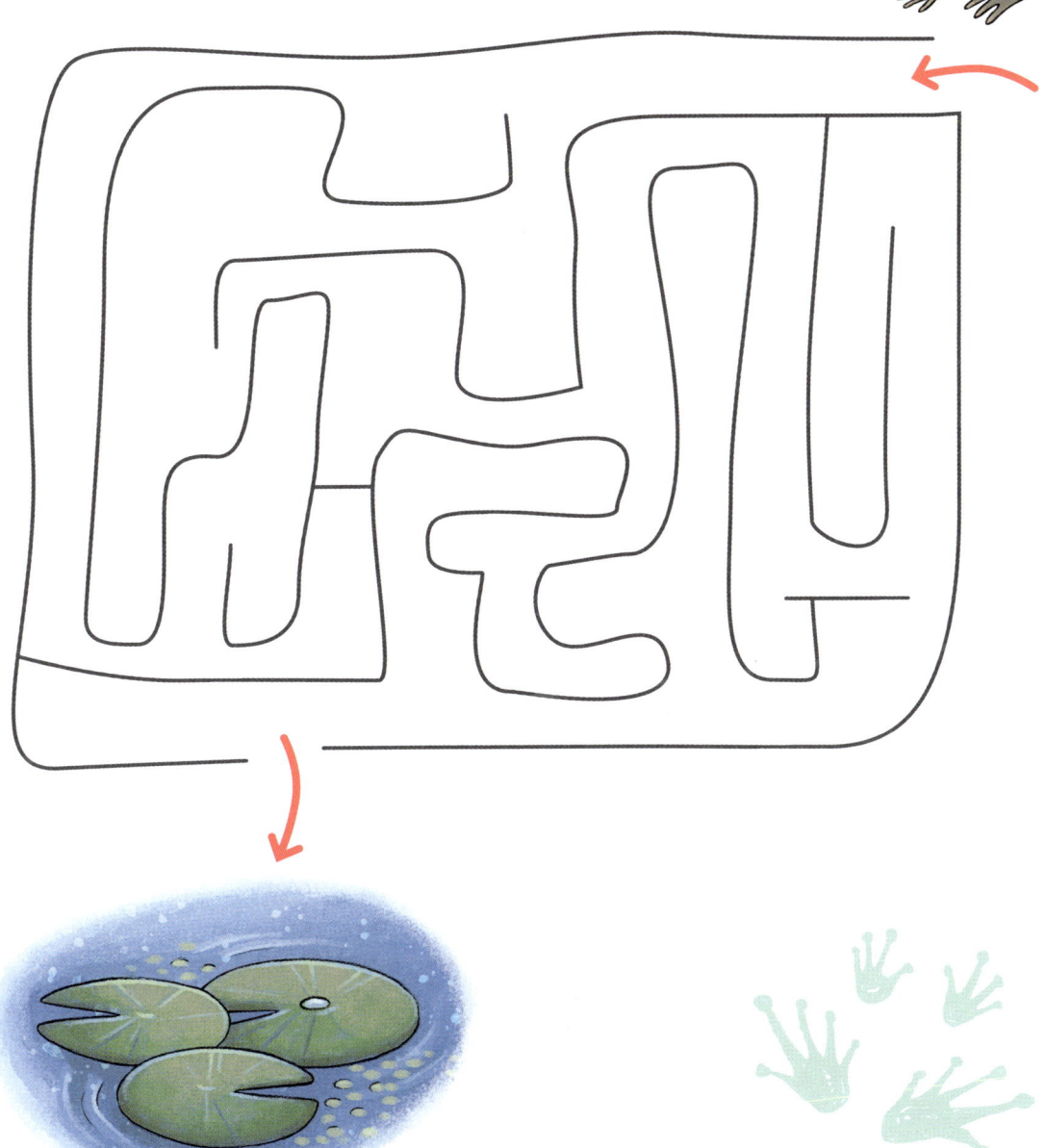

Nachts im Einsatz

Die Männer und Frauen der Feuerwehr sind Tag und Nacht im Einsatz. Male das Feuerwehrauto in knalligen Farben an, damit es auch nachts gut sichtbar ist!

Nachts in der Bäckerei

Der Bäcker und die Bäckerin stehen schon ganz früh
in der Bäckerei, um leckere Brötchen und Brezeln
zu backen. Verbinde jedes Bild mit seinem Schatten!

Nachts auf Nahrungssuche

Die kleinen Igel sind auf der Suche nach leckeren Salatblättern. Alle laufen in die gleiche Richtung. Alle Igel? Kreise die Igel ein, die nach links tapsen!

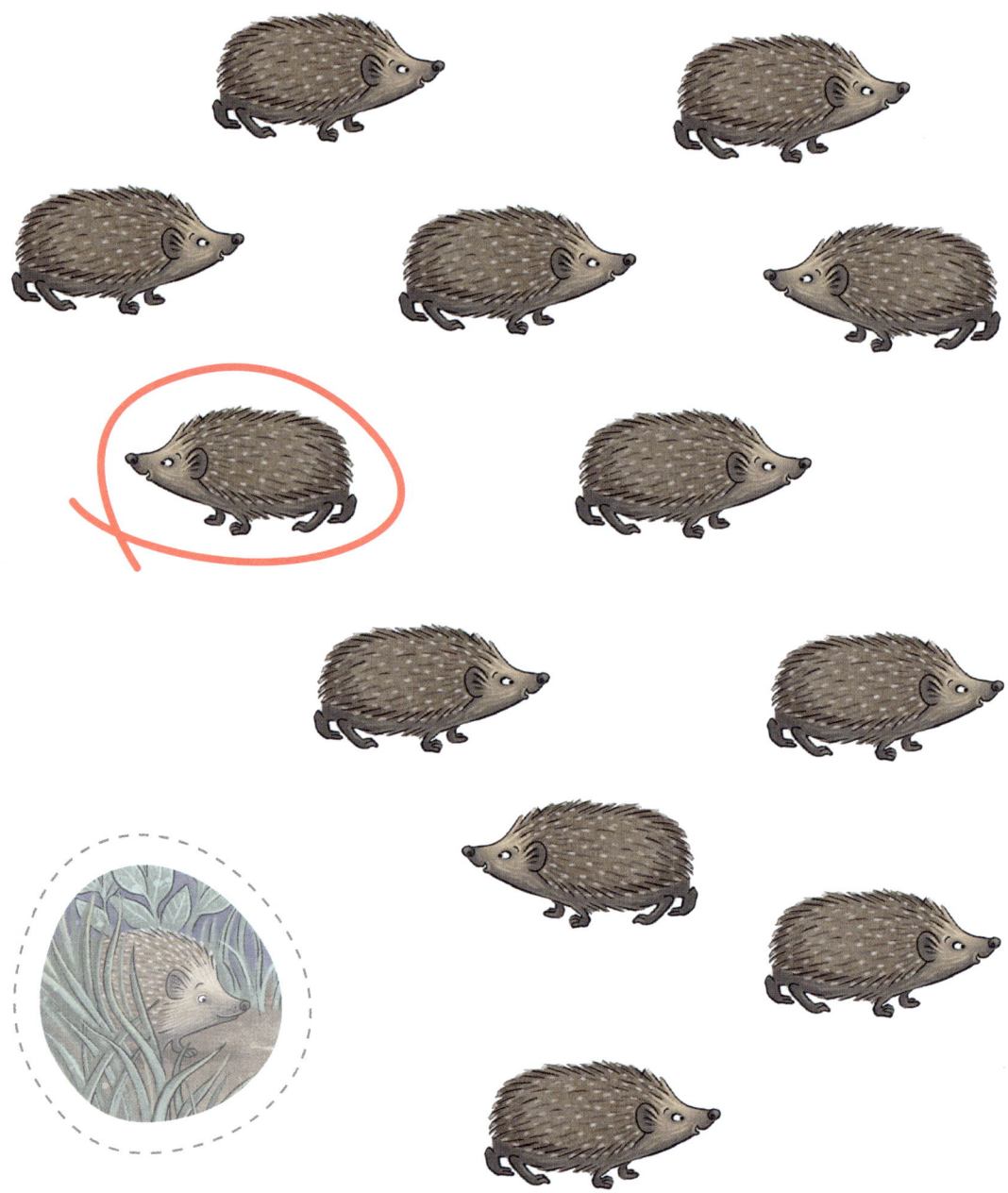

Nachtschwärmer

Einige Schmetterlinge sind nur in der Dunkelheit unterwegs.
Man nennt sie Nachtfalter. Male den Schmetterling
in schönen Farben aus!

Schlaf gut!

Pssst, Linus ist eingeschlafen. Wovon er wohl träumt?
Kannst du dich an deine Träume erinnern? Klebe die
fehlenden Sticker an der richtigen Stelle ein!

Die Mondlampe

Die Mondlampe taucht Linus' Zimmer in ein sanftes Licht.
Hast du ein Nachtlicht in deinem Zimmer?
Male die Lampe in deinen Lieblingsfarben aus!

Schlafenszeit

Linus geht mit Kuscheltier Jappo ins Bett. Auch Hund Rumi hat es sich gemütlich gemacht. Verbinde die Ausschnitte mit den passenden Stellen im großen Bild.

Gute Nacht!

Mach mit! Male den
Sticker bunt aus.

Kuschelalarm

Ohne Kuscheltier Jappo kann Linus nicht einschlafen.
Wer hilft dir beim Einschlafen? Male den kleinen Fuchs
in schönen Farben aus!

Eins, zwei, drei, vier

Spieluhr, Bücher und leuchtende Sterne helfen Linus beim Einschlafen. Zähle die Gegenstände und verbinde sie mit der richtigen Zahl der Punkte auf dem Würfel!

Schlaf, Kindlein, schlaf!

Ein leises Schlaflied wiegt Linus sanft in den Schlaf.
Hast du ein Lieblingslied zum Einschlafen?
Male den Stern der Spieluhr schön aus!

Dieser Sticker ist nur für dich!
Kannst du schon deinen Namen
schreiben? Dann trage ihn
in das Kästchen ein.

Katzenhöhle

Katzen sind nachts oft wach und spielen.
Sie ruhen sich lieber tagsüber aus. Welche beiden
Bilder sind gleich? Verbinde sie mit einer Linie!

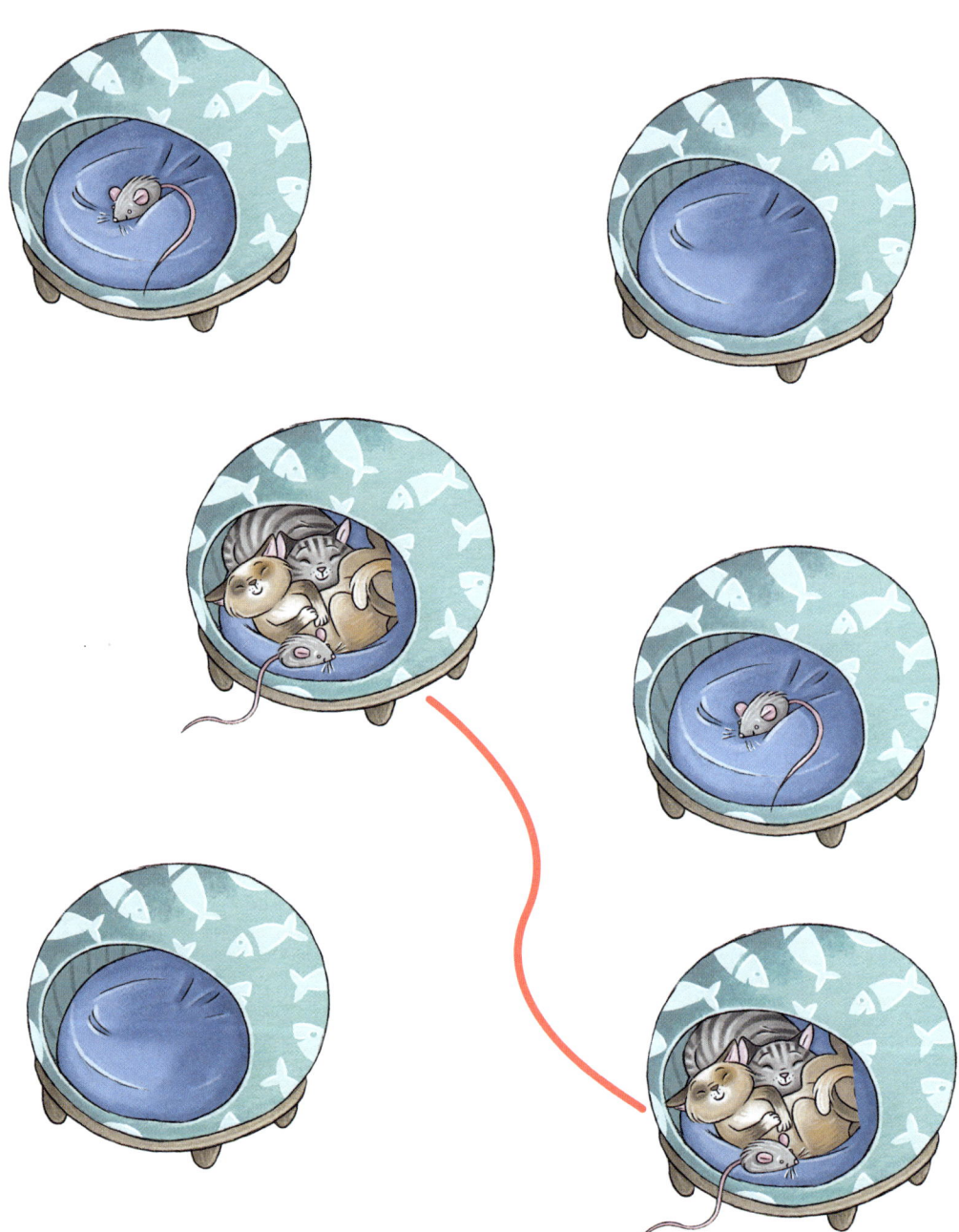

Spielen in der Nacht

Spätabends und frühmorgens spielen die kleinen
Katzen mit ihrem Ball. Spure die Punkte mit
einem Stift nach und male den Ball dann schön aus.

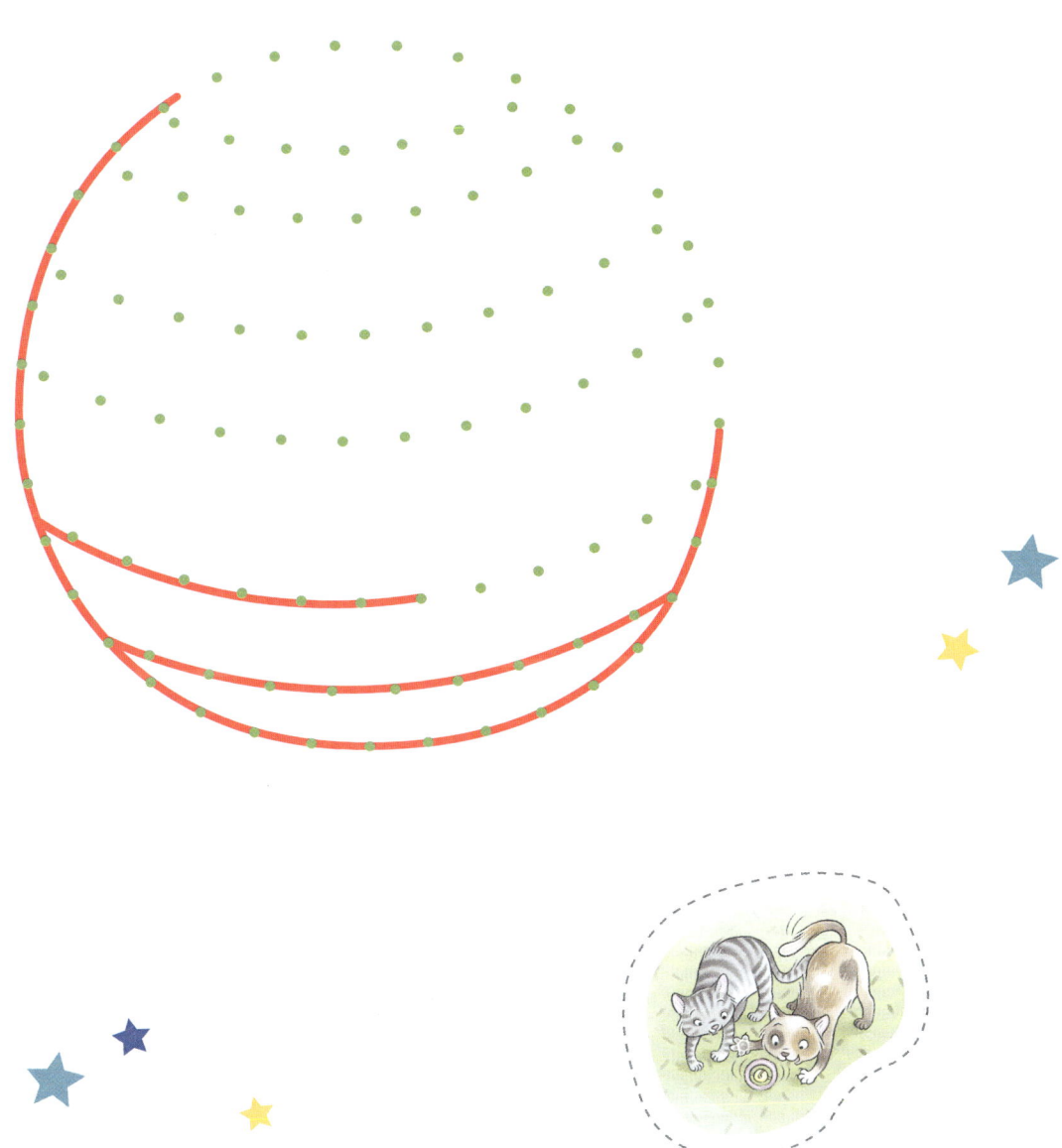

Finde den Weg!

Nach seinem Ausflug in der Nacht sucht der Dachs den Weg zur Höhle. Welcher der drei Wege führt ihn zurück zu seinem Schlafplatz?

Am Waldboden

Die Tiere des Waldes suchen den Boden nach Nahrung ab.
Dort finden sie kleine Tiere, Wurzeln, Samen und Pilze.
Nimm die Buntstifte und male das Bild schön aus!

Müüüüüde!

Manchmal ist Linus so müde, dass er
auf der Couch einschläft. Erkennst du die vier
Unterschiede im unteren Bild? Kreise sie ein!

Licht an!

Mit einer Taschenlampe findest du auch
in der Dunkelheit den Weg. Male die Lampe
in schönen Farben aus.

Nachts im Garten

Nachts im Garten sind viele Tiere unterwegs.
Welche der unten abgebildeten Tiere entdeckst du
auf dem großen Bild? Kreuze sie an!

Vorsicht, Stolperfalle!

Gießkanne, Schaufel und Eimer liegen verstreut
im Garten und bieten den Tieren der Nacht ein Versteck.
Male die Gießkanne in deinen Lieblingsfarben aus.

Lösungen

Seite 2:

Seite 8:

Seite 4: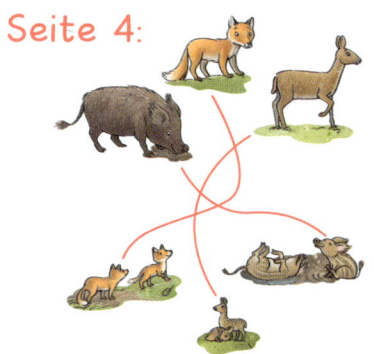

Seite 12:

Seite 5:

Seite 14:

Seite 7:

Seite 16: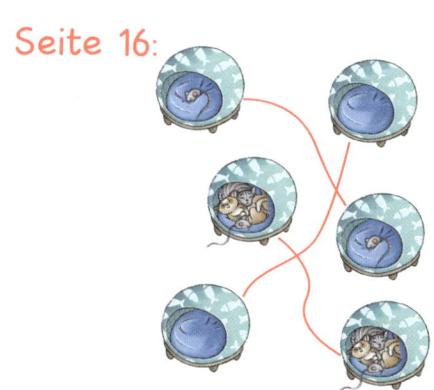